COMITÉ DE DÉFENSE ET DE PROGRÈS SOCIAL

Patrie, Devoir, Liberté.

LE SALARIAT

ET

LE SALAIRE

PAR

M. LEVASSEUR

de l'Institut

AU SIÈGE DU COMITÉ

54, rue de Seine, 54

PARIS

N° 14

PUBLICATIONS DU COMITÉ

1. — *Conférences (broch. in-18 à 0 fr. 05).*

Nº 1. Pourquoi nous ne sommes pas socialistes, par M. A. Leroy-Beaulieu

Nº 2. L'usage de la liberté et le devoir social, par M. Georges Picot.

Nº 3. Le progrès social par l'initiative individuelle, par M. E. Rostand.

Nº 4. Le devoir d'aînesse, par M. Paul Desjardins.

Nº 5. Le rôle et le devoir du capital, par M. E. Cheysson.

Nº 6. Le devoir social de la jeunesse, par M. Charles Wagner.

Nº 7. Notre responsabilité devant le mal social, par M. Ollé-Laprune.

Nº 8. Les assurances ouvrières et le socialisme d'Etat, par M. Alb. Gigot.

Nº 9. L'agriculture et le socialisme, par M. D. Zolla.

Nº 10. Le Comité de défense et de progrès social, par M. A. Leroy-Beaulieu.

Nº 11. La liberté d'association, par M. Gabriel Alix.

Nº 12. La diffusion de la fortune mobilière en France, par M. R.-G. Lévy.

Nº 13. Le rôle social de l'écrivain, par M. René Doumic.

Nº 14. La coopération, ses bienfaits et ses limites, par M. Mabilleau.

Nº 15. Les solutions socialistes et le fonctionnarisme, par M. E. Rostand.

Nº 16. Salariés et capitalistes, par M. Daniel Zolla.

Nº 17. Voyage social en Allemagne, par M. Georges Blondel.

Nº 18. Le rôle social de la colonisation, par M. Joseph Chailley-Bert.

Nº 19. Le Vooruit de Gand, par M. J. Van den Heuvel.

Nº 20 Expériences sociales en Australie, par M. Pierre Leroy-Beaulieu.

Nº 21. La répression pénale et les intérêts populaires, par M. H. Joly.

Nº 22. La crise du revenu, par M. E. Cheysson.

Nº 23. Les Finances de la France, par M. R. Stourm.

Nº 24. La criminalité de la jeunesse, par M. H. Joly.

2. — *Brochures in-18 à 0 fr. 25*

A. La propriété est-elle légitime? par M. André Voyard.

B. Les adversaires de la propriété, par M. de Saint-Genis.

C. Le principe de la propriété, par M. le pasteur Maurice Constançon.

3. — *Tracts à 1 fr. 50 le cent assortis.*

1. La propriété. — 2. Histoire d'une casquette. — 3. La nationalisation du sol. — 4. Le plus coûteux des gouvernements. — 5. Mes griefs contre le socialisme, par M. Eug. d'Eichthal. — 6. Le budget de l'Etat collectiviste, par M. Maurice Block, de l'Institut. — 7. Socialistes... pourquoi pas? par M. Pajot. — 8. La patrie française et l'internationalisme, par M. Anatole Leroy-Beaulieu, de l'Institut. — 9. Les citations de M. Jaurès et la véracité des socialistes, par M. Paul Leroy-Beaulieu, de l'Institut. — 10. Collectivisme agraire et nationalisation, par le même. — 11. A l'école de la coopération et à l'école du socialisme, par M. Eug. Rostand. — 12. Les responsabilités de la presse, par M. Anatole Leroy-Beaulieu, de l'Institut. — 13. Criminalité et socialisme, par M. Eug. Rostand. — Etc.

LE SALARIAT ET LE SALAIRE

Définition du salaire.

Le salaire est le *prix que la personne salariée*, dite ouvrier, employé, fonctionnaire, domestique, *reçoit* de la personne salariant, dite entrepreneur, patron, maître, administrateur, *en échange de son travail*. Suivant que ce travail est mesuré par la durée du temps que donne le salarié ou par la quantité d'ouvrage qu'il produit, le salaire est à la journée (au mois à l'année) ou à la tâche (on dit aussi aux pièces et à façon). Le prix, qu'il s'appelle salaire, gages, appointements ou traitement, peut être payé en argent ou en nature ou partie en argent et partie en nature.

Le salaire ne doit être confondu ni avec le profit de l'entreprise, comme celui que perçoit un commerçant, ni avec la rémunération d'un service spécial, tel que celui que rend un médecin.

Le salariat ne disparaîtra pas.

Depuis Saint-Simon et Fourier des théoriciens ont dénoncé le salariat comme une forme de l'asservissement des prolétaires. Ils ont cru découvrir dans l'histoire trois phases économiques qui se seraient succédé : l'esclavage, le servage et le salariat, et auxquelles ils estiment que succédera la phase de l'association ; ils ont déclaré qu'opprimé à des degrés divers dans les trois premières par le maître, par le seigneur, par le patron, le travailleur serait émancipé dans la quatrième phase par la suppression du salariat.

L'histoire ne présente pas une telle régularité de phases successives. L'esclavage a existé en effet dans des sociétés barbares où régnait le droit de la force et dans certaines sociétés civilisées comme celle de l'Empire romain et celle des États du sud aux États-Unis ; il existe encore dans des sociétés anciennement civilisées en Asie et dans des sociétés encore primitives en Afrique. Mais aux Etats-Unis, comme dans les provinces romaines, le salariat se rencontrait simultanément avec l'esclavage, surtout dans les villes; tous ceux qui ont connu les États esclavagistes avant l'année 1860 ont pu le constater et regretter que la condition matérielle et morale des ouvriers libres se trouvât empirée par la concurrence et le contact des esclaves. Le servage n'a pas nécessairement remplacé l'esclavage, dans tous les pays; dans ceux où il a existé c'est surtout dans les campagnes et en vue de l'exploitation agricole qu'il s'est constitué; les villes ne l'ont pas subi ou en ont été affranchies de très bonne heure; on sait que dès le treizième siècle en France les ouvriers de l'industrie étaient déjà des salariés.

La vérité est que le salariat a existé de tout temps, mais que le nombre des salariés a augmenté à mesure que, d'une part, la liberté des personnes était plus assurée et que, d'autre part, l'industrie progressait.

Supposer que le salariat disparaîtra est une pure imagination, comme affirmer qu'il ne s'est produit qu'après l'abolition du servage est une erreur historique. Rien dans l'organisation du travail n'autorise à prédire un tel changement, puisqu'au contraire on voit les grandes entreprises manufacturières et commerciales, qui occupent beaucoup de salariés et moins de salariants que la petite industrie, gagner chaque année du terrain. C'est une conséquence du progrès des voies de communication et de l'outillage mécanique, ainsi que de l'abondance des capitaux.

La substitution de l'Etat aux entrepreneurs privés dans l'exercice de certaines industries amènerait bien un changement de patron, mais n'amènerait pas la suppression du salariat.

L'organisation générale du travail en collectivisme est une utopie qui, si elle pouvait être réalisée dans une nation, ne supprimerait pas non plus le salariat. Au contraire; car elle ferait de tous les travailleurs, quelque rôle qu'ils eussent auparavant dans la société libre telle qu'elle est aujourd'hui en France, de simples salariés, rémunérés probablement à des taux divers, mais n'ayant certainement plus la disposition de leur personne et le bénéfice de la concurrence des entrepreneurs et ne pouvant plus choisir leur patron ni discuter les conditions de louage de leur travail : ce serait un salariat universel aggravé par le despotisme gouvernemental.

On conseille à l'ouvrier la coopération comme un moyen de sortir du salariat. Le conseil est généreux et le moyen est légitime : il ne doit y avoir dans une société libre aucun obstacle à l'union des travailleurs en sociétés coopératives de production. Cependant, quoique le type coopératif soit connu depuis plus d'un demi-siècle, le nombre des individus qui l'ont adopté et surtout le nombre des sociétés dont le succes est avéré est jusqu'ici très restreint ; il est même infiniment petit relativement au nombre total des entreprises qui, dans le même temps, se sont formées dans les pays civilisés sur d'autres types et relativement au nombre des ouvriers et employés qui ont grossi l'armée des travailleurs de l'industrie et du commerce. L'avenir donnera-t-il des résultats plus satisfaisants ? On peut l'espérer; mais on doit, éclairé par l'expérience et par la raison, affirmer que le mode corporatif n'aura pas la vertu d'éliminer le salariat.

Sans doute les phénomènes économiques sont en évolution continue; cette évolution a même été très considérable dans notre siècle où les inventions de la science ont plus transformé les moyens de production que dans aucun des siècles antérieurs. Mais il faut voir dans quel sens elle s'est faite et savoir discerner, au milieu de mouvements particuliers et parfois divergents, ce qui est essentiel et permanent de ce qui est accidentel et mobile. Or, le salariat est essentiel et l'évolution aujourd'hui se produit précisément dans le sens de son extension. Ce qu'il est intéressant d'étudier pour ceux qui veulent aboutir à un résultat pratique, ce n'est pas l'utopie de la suppression radicale du salariat, ce sont les moyens d'améliorer le salariat. Pour travailler efficacement à cette amélioration, il importe de bien comprendre ce qu'il est.

La raison d'être du salariat.

Tous les hommes n'ont pas les mêmes goûts et les mêmes aptitudes. Tel réussit comme ouvrier qui échouerait comme entrepreneur; tel autre, au contraire, étant plus apte à combiner par l'intelligence qu'à exécuter de ses mains, aura plus de chances de succès dans une affaire qu'il conduira lui-même à son gré que dans un emploi où il aura une fonction délimitée et subordonnée. Tel patron a besoin principalement d'être actif; tel commis, d'être ponctuel; tel ouvrier, d'être habile : ce sont des qualités différentes.

La direction d'une entreprise, même très modeste, est délicate et le résultat est incertain : beaucoup de ceux qui tentent de s'établir végètent ou même perdent leur argent et leur temps. Plus l'entreprise est considérable, plus le risque est grand; plus aussi la nécessité d'un gros capital en rend l'accès et la conduite difficiles. Aussi la majorité des travailleurs vit-elle de salaires plutôt que de profits, c'est-à-dire fait profession d'ouvrier ou d'employé plutôt que d'entrepreneur, soit par choix, soit par nécessité. Il n'est pas rare de voir des gens qui, ayant consommé leurs épargnes dans une industrie ou un commerce, ont recherché un emploi et se trouvent mieux d'être devenus des salariés.

D'ailleurs la différence entre le nombre des salariés et celui des entrepreneurs n'est pas aussi forte qu'on se l'imagine souvent; car le recensement de la population française de 1891 a constaté que les premiers étaient moins nombreux que les seconds dans l'agriculture (1) et que dans l'industrie, transports et commerce réunis, il y avait environ 70 ouvriers ou employés pour 30 patrons (2). Il n'est donc pas bien rare

(1) 3,570,016 patrons, 75,400 employés, 2,890,183 ouvriers.

(2) 1,963,500 patrons, 4,770,000 employés et ouvriers.

pour certaines catégories de salariés de trouver, quand ils en ont les moyens, l'occasion d'entrer dans les rangs du patronat. Mais ils n'en ont pas toujours la volonté. La condition d'employé présente une sécurité relative qui convient à maint caractère ; au lieu des soucis que causent la production, le placement de la marchandise, les échéances, l'employé a la perspective de toucher à la fin de chaque mois ses appointements; il dresse le budget de sa vie en conséquence. La sécurité de l'ouvrier qui travaille à la journée ou aux pièces est sans doute moindre ; cependant, le bon ouvrier chôme peu en temps ordinaire ; s'il exerce une profession dans laquelle il y a une morte-saison, il le sait d'avance et il peut exercer successivement plusieurs métiers.

Bastiat, envisageant le côté harmonique, présente le contrat de louage de travail comme un mode de coopération avantageux à l'ouvrier qui gagnerait moins s'il travaillait isolément pour son compte sans capital, avantageux à l'entrepreneur qui, assisté de ses collaborateurs, obtient une moyenne de produit par tête plus forte, avantageux à la société entière qui profite d'une production plus abondante. La fiction de Bastiat contient une part de vérité; on peut dire avec lui que le contrat de salaire est une sorte d'association qui est à la fois légitime en droit et profitable aux parties contractantes. L'esclavage était la réduction par la force de l'homme à l'état de chose; le salariat est une convention conclue volontairement entre deux travailleurs en vertu de laquelle s'opère un partage des bénéfices espérés ou réalisés d'une opération commune. Le patron prend la responsabilité de l'ensemble de cette opération qu'il dirige et dont il encourt le risque, recueillant, s'il y a lieu, le profit, c'est-à-dire l'excédent du prix de vente après encaissement de ce prix sur tous les frais, directs ou indirects, de la production : ce profit, qu'il pense devoir être plus considérable qu'une part de salaire et qui l'est le plus souvent, a un caractère aléatoire. L'ouvrier ne court pas le même risque ; sa part est certaine, à moins que son atron ne fasse faillite ;

il la touche telle qu'elle a été stipulée et quel que soit le résultat ultérieur de l'opération. C'est justice; car il n'était pas propriétaire du produit créé avec sa collaboration et il ne doit pas être solidaire des accidents survenus à ce produit. Il était propriétaire de son temps; il l'a engagé contre une rémunération : il a droit à cette rémunération dès qu'il a consciencieusement fait son œuvre.

Le taux du salaire.

Des théoriciens accusent cette rémunération de n'être pas suffisante pour faire vivre convenablement la famille ouvrière et de rester bien au-dessous du prix du produit créé par le travail de l'ouvrier. Ils trouvent facilement un écho dans la classe ouvrière parce qu'il est naturel à l'homme de n'être pas content de son sort. Il ne faudrait pourtant pas que l'ouvrier prît le désir qu'il ressent d'un salaire plus fort pour un droit à recevoir ce salaire. Ni les salariants ni les salariés ne règlent le taux du salaire suivant leurs désirs ou leurs caprices. Il en est d'eux comme des fabricants et des marchands, qui, excepté dans les cas de monopole, ne font pas arbitrairement le prix des choses qu'ils vendent; chaque marchandise a son prix qui résulte de causes économiques et que la concurrence des vendeurs et des acheteurs maintient à peu près à un niveau normal dans chaque lieu et dans chaque temps. Sous ce rapport, le travail, qu'il soit celui d'un artiste ou celui d'un manouvrier, ressemble à une marchandise, puisqu'on le vend et qu'on l'achète.

Une telle comparaison n'a rien d'humiliant. Qu'un ouvrier ébéniste faisant une table en trois jours soit payé 7 francs à la journée ou accepte 21 francs à la tâche pour faire la même table, qu'un petit artisan, l'ayant fabriquée à son compte et ayant dépensé 19 francs en bois et en frais généraux, la vende 40 francs, dans les trois cas on aperçoit un travail qui a de la valeur, une chose vénale, par conséquent une marchandise.

L'histoire économique montre avec évidence que, dans une société civilisée comme l'est la nôtre où les inventions de la science ont considérablement augmenté la puissance productive du travail et facilité l'accroissement des richesses, les produits ont généralement une tendance à baisser de prix sous l'influence de la concurrence et à **être vendus ce qu'ils coûtent**, tandis que le travail, grâce à cette productivité même et à la richesse générale, a une tendance à augmenter de prix par la hausse du salaire ou par la diminution des heures de travail et à **se vendre ce qu'il vaut**. L'opposition de ces tendances s'est produite de nos jours sous l'influence d'une productivité plus grande du travail.

Le produit est une chose qui par l'échange passe d'un propriétaire à un autre propriétaire. Le travailleur salarié est un homme libre qui fait un contrat avec un autre homme : différence fondamentale. Dans la petite industrie, les deux travailleurs, le patron et l'ouvrier, travaillent d'ordinaire côte à côte : d'où le nom de compagnon donné à l'ouvrier. Dans la grande industrie, le patron a des fonctions trop importantes pour se mettre à l'établi ; mais il importe qu'il entretienne avec ses ouvriers des rapports de bienveillance tels qu'il convient d'homme à homme ; il est désirable qu'il ait aussi avec eux des rapports de patronage, c'est-à-dire qu'il leur prête son concours pour les aider à améliorer leur condition.

C'est une grave erreur de croire que l'ouvrier soit nécessairement lésé dans le contrat de louage. Sans doute il peut, dans certains cas, n'être pas payé à sa véritable valeur, de même que, dans certains cas, il y a des marchandises qui ne trouvent pas d'acheteur à un prix qui rémunère pour le producteur. Mais, en règle générale, il s'établit sur le marché du travail, comme sur le marché des denrées agricoles et des produits manufacturés, un prix moyen pour l'ensemble et des prix spéciaux pour chaque espèce suivant la qualité ou la rareté, lesquels prix sont déterminés par la somme d'utilité que les acquéreurs estiment en tirer.

Se plaindre que l'ouvrier ne reçoive pas par son salaire de quoi racheter la totalité du produit qu'il a confectionné et conclure de là qu'il est frustré de son dû, c'est fermer les yeux aux vérités les plus élémentaires et les plus évidentes. Car le travail de façon n'est qu'une portion de la valeur d'un produit. Dans cette valeur entre nécessairement en ligne de compte non seulement le remboursement des matières consommées, mais aussi, d'une part, la rémunération du capital avancé en matières, en outils, en salaires, en frais généraux, et, d'autre part, la rémunération de l'entrepreneur.

L'offre et la demande règlent le salaire.

Pour comprendre ce qu'est le salaire, il importe d'examiner les causes principales qui en déterminent le taux ou plus exactement qui déterminent les taux variables des salaires suivant les temps, les lieux, les professions et les personnes. Nous disons les causes, parce qu'en effet il y a pluralité de causes; les économistes, qui se sont efforcés de les ramener à une cause unique, n'ont pu embrasser tous les cas dans leur théorie; ils ont ainsi non seulement prêté le flanc à la critique qui en a contesté l'exactitude, mais — ce qui est plus dangereux — ils ont ouvert la porte à des déductions fausses que d'autres ont tirées de prémisses trop étroites.

Il y a assurément une loi économique qui s'impose au salaire, comme au prix de toute chose vénale et qui l'explique : c'est **la loi de l'offre et de la demande.** On méconnaît souvent l'importance et le caractère de cette loi, que certains écrivains traitent dédaigneusement de truisme et que d'autres accusent d'être la justification du droit du plus fort. Elle n'est ni l'un ni l'autre; elle est simplement la constatation du rapport qui s'établit, par un accord tacite ou après débat, entre vendeurs et acheteurs et d'où résulte la valeur de l'objet échangé. On peut, par comparaison, dire que, l'offre occupant un plateau de la balance et la demande l'autre, l'aiguille du fléau se déplace selon le poids de l'une et de l'autre et que le point où elle se fixe marque précisément la valeur de l'objet.

Il reste à savoir quelles sont les conditions qui influent sur l'offre et sur la demande.

Les causes principales du taux des salaires.

1° La **productivité du travail** est assurément une de celles qu'il convient de placer au premier rang. Il est évident qu'un patron ne paie pas un ouvrier pour ne rien faire ; il se ruinerait. Il est certain aussi qu'en général il paie plus un ouvrier habile qu'un manœuvre, un bon employé qu'un garçon de magasin : à chacun suivant ses œuvres. La productivité est donc la raison principale de l'échelle étendue des salaires, depuis l'apprenti jusqu'au contre-maître dans le même atelier, depuis le terrassier jusqu'à l'artiste sculpteur dans des industries différentes. Elle est aussi la raison ordinaire de certains *sursalaires* que les patrons ajoutent au prix de la journée, tels que primes à la production et à la vente, primes à l'économie des matières, primes à la vente. C'est la productivité qui fait seule la différence de gain entre deux ouvriers à la tâche employés au même travail.

A mesure que les inventions de la science arment l'ouvrier d'un outillage plus perfectionné, elles augmentent sa productivité. Aussi a-t-on vu, dans presque tous les grands centres manufacturiers, la moyenne générale du salaire s'élever durant la seconde moitié du XIXe siècle en même temps qu'augmentait le nombre et la puissance des engins mécaniques, non seulement dans la grande, mais même dans la petite industrie. On a calculé qu'un fileur de coton tenant, avec ses aides, deux métiers renvideurs produisait dans sa journée 10,000 fois autant que produisait autrefois une fileuse au rouet. Il ne gagne assurément pas 10,000 fois plus parce qu'il faut payer un outillage beaucoup plus coûteux et parce que le prix du fil a considérablement diminué ; mais il gagne plus qu'autrefois :

ce qui est avantageux pour lui, sans être onéreux pour l'entrepreneur. Celui-ci, en effet, accorde plus volontiers une augmentation de salaire, soit par exemple, 50 centimes par jour; il lui eût été impossible de faire accepter cette augmentation aux consommateurs avec la somme ancienne de production journalière, tandis qu'avec la somme actuelle elle passe inaperçue, ne grevant chaque unité de produit que de la dix-millième partie de 50 centimes.

Une bonne organisation d'atelier et un outillage perfectionné, en augmentant la productivité générale de l'industrie et en réduisant d'ordinaire le coût de production de la marchandise, profitent à l'ouvrier et au patron à la fois comme producteurs par le développement de la production et comme consommateurs par le bon marché du produit : double avantage.

2° La productivité n'explique pas tout. Car elle ne saurait être la raison des gages des domestiques qui ne produisent pas plus qu'autrefois et qui, cependant, dans les grandes villes ont obtenu, depuis cinquante ans surtout, une augmentation plus forte que beaucoup d'ouvriers des industries mécaniques et chimiques. Pour ce cas il faut chercher la raison dans l'accroissement général de la richesse qui augmente le nombre de ceux qui demandent des serviteurs et qui leur procure les moyens de les payer. En effet, l'état général de la richesse d'un pays ou d'un groupe de personnes influe notablement sur le taux moyen des salaires payés dans ce pays ou par ce groupe.

Une grande partie de cette richesse constitue le capital circulant de l'industrie, c'est-à-dire le capital avec lequel les agriculteurs, les industriels et les commerçants achètent chaque année leurs matières, payent les salaires de leurs employés et acquittent leurs frais généraux. Ce capital, consommé sans cesse pour la production, se régénère sans cesse par la vente des produits ou par le paiement des services rendus. Des économistes ont désigné sous le nom de *fonds des salaires* la portion de ce capital qui est employée en salaires, et ils ont considéré cette portion comme étant la véritable mesure du taux des salaires, estimant que les salariés recevaient de fortes journées si le fonds était abondant et de faibles journées dans le cas contraire, mais que de toute façon, la somme totale payée en salaires, dans l'année, quelle que fût le nombre des salariés et la quote-part des uns ou des autres, ne pouvait pas excéder le montant total du fonds disponible. Cette appréciation, qui renferme une part de vérité, est étroite et trop absolue ; car, s'il est exact de dire que l'abondance du capital est favorable au salaire, il ne l'est pas de parquer ainsi le capital en emplois isolés et de ne pas tenir compte de la rapidité de la circulation qui reconstitue et libère plus ou moins vite le capital engagé. C'est en réalité le **revenu de l'industrie** plus encore que le capital de l'industrie qui importe au salaire.

3° La concurrence des ouvriers et celle des patrons agissent d'une manière plus manifeste. Des économistes l'ont présentée comme la cause essentielle. « Quand deux ouvriers courent après un patron, a dit Cobden, les salaires baissent; ils haussent quand deux patrons courent après un ouvrier. » C'est en effet la forme la plus apparente de l'offre et de la demande. Mais elle n'a pas nécessairement le caractère brutal de fatalité que certains publicistes lui attribuent. Car, d'une part, on observe que, sans que le nombre des ouvriers ou des patrons ait varié, des changements survenus dans l'art industriel, dans la somme des richesses et dans l'intensité de la consommation agissent sur le contrat de louage du travail. D'autre part, sans que ces conditions aient changé, le groupement des personnes intéressées peut agir sur l'offre et la demande; par exemple, les *syndicats ouvriers* et les *syndicats patronaux* ne sont pas sans influence sous ce rapport, quoique ce soit une illusion de croire qu'ils puissent exercer une action souveraine, et d'attribuer aux syndicats ouvriers le mérite de l'augmentation générale des salaires depuis un demi-siècle.

4° Il faut, dit-on, que la famille ouvrière puisse vivre de son salaire. C'est incontestable. C'est pourquoi le coût de la vie est une des causes qui déterminent le taux des salaires. Mais le coût de la vie diffère beaucoup d'une famille à une autre et d'un pays à un autre pour la population ouvrière comme pour tous les groupes sociaux ; l'ouvrier hindou ou japonais ne vit pas comme l'ouvrier allemand, lequel ne vit pas comme l'ouvrier français et surtout comme l'ouvrier anglais ou américain. L'expression « coût de la vie » n'a donc pas de signification précise ; le coût ne saurait par conséquent pas être la véritable cause déterminante du taux du salaire. Mais il sert dans beaucoup de cas à maintenir le taux existant du salaire. En effet, quand une catégorie d'ouvriers a pris l'habitude d'une certaine dépense, elle résiste avec énergie à tout changement qui amoindrirait son bien-être. L'ouvrier a raison de se défendre ; si tout homme aspire à s'élever, il a plus fortement encore la volonté de ne pas déchoir.

Le coût de la vie a donné naissance à deux erreurs contradictoires qui sont l'une et l'autre accréditées.

L'une, qui l'est surtout en Amérique, consiste à croire que *c'est le coût de la vie qui détermine le taux des salaires*, que partant plus l'ouvrier dépense et plus il faut que les entrepreneurs le paient cher et qu'il est utile de multiplier ses besoins afin de pousser à la hausse des salaires : théorie séduisante, mais erronée en ce qu'elle prend l'effet pour la cause, et, en outre, dangereuse parce qu'elle invite à la prodigalité et détourne de l'épargne ceux dont l'épargne est le salut.

L'autre, qui est d'origine allemande, consiste à prétendre que la concurrence que se font entre eux les ouvriers a pour résultat nécessaire d'abaisser sans cesse le salaire au niveau du coût minimum de la vie, c'est-à-dire à la somme strictement nécessaire pour que la famille ne meure pas de faim. C'est la théorie de la *loi d'airain*, c'est-à-dire d'une loi fatale, rigide comme l'airain et inéluctable, qui tiendrait sous son niveau déprimant la masse de la population ouvrière. Pour sentir l'inanité de cette théorie, il suffit de considérer dans le temps présent la diversité des salaires et dans l'histoire du XIXe siècle l'accroissement général du salaire moyen. Il n'y a pas de fatalité et surtout pas de dégradation fatale; il y a des situations économiques qui se modifient suivant les conditions générales ou spéciales du marché. Sans doute on peut dire que la majorité des salariés, qu'ils soient ouvriers ou employés, ne gagne que de quoi vivre ; mais c'est parce qu'à mesure que leurs ressources se sont accrues par un salaire meilleur, ils ont plus amplement donné satisfaction à leurs besoins; le *niveau de leur bien-être a monté en même temps que leur gain* : l'ouvrier parisien ne vit pas en 1898 comme vivaient ses devanciers en 1789.

Au mouvement général d'amélioration de la condition des salariés qui est constaté en France, en Angleterre, en Allemagne, en Belgique, aux États-Unis et dans d'autres pays il y a des exceptions; on peut citer des professions où le salaire a baissé par diminution du travail ou par augmentation de la concurrence; des travailleurs à la tâche, particulièrement dans la couture, à qui leur gain ne procure pas même la somme considérée comme le minimum d'existence dans leur milieu social. Il importe d'étudier ces exceptions afin de chercher à en faire sortir ceux qui souffrent; mais ce n'est pas par elles, c'est par l'ensemble qu'il convient d'apprécier la civilisation contemporaine.

Résumé.

Il y a encore d'autres causes moindres qui agissent sur le salaire. J'ai exposé les unes et les autres dans un chapitre de l'*Ouvrier américain* (t. I, p. 626) qui se termine ainsi :

« Le salaire est régi par des causes complexes, qui, agissant diversement sur l'offre et la demande, déterminent le taux particulier à chaque industrie et à chaque individu. Ces causes sont la *productivité*, qui est principalement la cause déterminante de la gradation des salaires selon le mérite du travailleur; la *concurrence*, qui est modifiée au profit des salariés par le développement de l'industrie et à leur détriment par l'immigration, et que tempèrent, dans des sens opposés, l'association des entrepreneurs et celle des salariés; le *coût de la vie* qui, tout en étant un résultat du salaire, sert d'appui à l'ouvrier pour résister à la baisse et pour maintenir ses moyens de dépense au niveau de ses habitudes d'existence; le *capital employé dans l'industrie* à l'état de capital fixe ou de capital circulant dont l'influence varie non seulement suivant la quantité, mais aussi suivant la rapidité de la circulation; l'*activité de la production* et l'*état général de la richesse* du pays, qui permettent de payer plus ou moins le travail salarié; la *somme des consommations* qui sollicitent la production. »

De là découle cette conclusion que, pour améliorer le salaire, il importe surtout *que l'ouvrier soit le plus capable, que l'industrie soit la plus active et la mieux outillée, que la richesse nationale soit la plus considérable qu'il est possible.* Les *progrès de l'art industriel* ont été la cause la plus certaine de l'accroissement incontestable du salaire durant la seconde moitié du XIXe siècle. Le XXe siècle sera témoin de nouveaux progrès : il constatera de semblables conséquences. Ce siècle verra probablement aussi se développer entre les travailleurs certaines relations autres que le salariat simple : par exemple, diverses formes de *travail à façon* et de *marchandage*, de *sursalaire* et de *patronage* dont plusieurs sont déjà en usage, diverses formes aussi d'*intervention de la loi* dont on peut appréhender les empiétements dans le domaine des contrats privés; la *participation aux bénéfices*, bien qu'il ait été rare jusqu'ici de rencontrer des patrons et des ouvriers aptes à la pratiquer; l'*association coopérative de production*, dont la pratique exige des qualités dans les hommes et des conditions dans l'industrie plus difficiles encore à réunir. Mais la raison et l'expérience des faits nous enseignent que **le salariat restera**, parce qu'il est *la forme de coopération la plus simple et, dans la majorité des cas, la plus convenable et la plus avantageuse pour le salariant et pour le salarié.*

Paris. — Imprimerie F. Levé, rue Cassette, 17.

www.ingramcontent.com/pod-product-compliance
Ingram Content Group UK Ltd.
Pitfield, Milton Keynes, MK11 3LW, UK
UKHW032039260826
14628UKWH00007B/3072

9 782013 580243